CORPO CELESTE

CORPO CELESTE

Luisa Godoy

poemas

Copyright © 2017 by Luisa Godoy.
Copyright © 2017 by Crivo Editorial.

Edição: Haley Caldas, Lucas Maroca de Castro e Rodrigo Cordeiro
Projeto Gráfico: Nathan Matos
Capa: Rafael Godoy
Revisão: Amanda Bruno de Melo

Ficha catalográfica elaborada por Andréa Duarte Barbosa – CRB6/1614

G589c	Godoy, Luisa Andrade Gomes.
	Corpo celeste / Luisa Godoy ; revisão: Amanda Bruno de Melo; projeto gráfico: Nathan Matos ; capa : Rafael Godoy. – Belo Horizonte : Crivo Editorial, 2017.
	96 f.

ISBN: 978-85-66019-55-1

CDD: B869.1
CDU: 869.0(81)-1

Revisado segundo o novo Acordo Ortográfico da Língua Portuguesa
(Decreto Legislativo n°54, de 1995)

Crivo Editorial
Rua FernandesTourinho, 602, sala 502
30.112-000 - Funcionários - BH - MG

www.crivoeditorial.com
contato@crivoeditorial.com
facebook.com/crivoeditorial

SUMÁRIO

CORPO CELESTE
Busca, 11
Corpo celeste, 12
Coro, 14
Manhã, 15
A prosa e a rosa, 16
7poemas, 17
Talho, 18
Esposas e espelhos, 19
Ruína, 21
Agravo, 23
Papéis, 24
O tesouro da vontade, 25
Fuga, 26

SITIADOS
Previsão do tempo, 29
Polo, 30
Dois totens, 31
Decisão, 33
Dissensão, 34
21 de dezembro, 36
Legião leviana, 37
In natura, 38
Cinza, 39
Preço, 40
Enquanto Penélope, 41
Sitiados, 42
Memórias, 43
Metamorfose, 44
Férias, 45

AQUÁRIO
Sapiens, 49
Florianópolis, 50
Aquário, 52
À espera, 53
Lapinha da Serra, MG, 55
Escolhas, 57
Separação, 58
Oração, 59
Caçada, 60

METASSENTIMENTO
Linguagem, 63
A voz de L., 64
Conversações, 65
Advertência, 66
Cavalos, 67
Fevereiro, 69
Sítio, 70
Metassentimento, 72
Ana F. sobre a melancolia, 73
Aprendizados, 74

ÁRVORE
Árvore, 79
Pinóquia, 80
A esposa-cadáver, 81
Jogo, 82
Criptomania, 84

PRAIA
Praia, 87
Kiki, 88
Realização, 89
Profetas, 90
Mãe, 92

Para Anita

CORPO CELESTE

BUSCA

Aqui estamos, reincidentes.
Os costumeiros castelos de areia
que se desfazem com ondas ou sopros.
Mais uma vez, alheios,
ingratos habitantes da superfície
de uma pequena esfera no universo.

Fortuitamente concebemos a Terra:
A sua última fronteira,
ar misturado ao nada,
o seu centro,
pesado coração de fogo,
que fixa a nossa existência
e impinge que lhe pertençamos.

Há um plano.
Algo secreto que ignoramos.
Os céus proclamam em silêncio
o que somos, o que fazemos.
Pretendo reunir instrumentos
para a tarefa de conhecê-lo.
Eu irei sozinha
e levarei meus sentimentos.

O que me move não é vaidade.
É uma sede enorme.
Um dia saberei expressar-me como devo.
Hoje fabrico somente o rumor
do mais profundo dos desejos:
Amar, amar,
e ainda em vida
saber agradecer.

CORPO CELESTE

Lua nova

Porque prefiro ver
a abundância do fundo
na ausência da figura.
Contenho um otimismo
irremediável.
Nesta semana, menos lua
é mais leite na via láctea.

Lua crescente

Porque tenho um romance
de tipo dramático
com o tempo.
Passou a semana-segundo,
que perdi, inconsciente.
Mas esta é a semana-século,
da espera extenuante,
do ranger noturno dos dentes.

Lua cheia

Porque sempre permiti,
secretamente para você
e às vezes até para mim,
certa dose de magia.
Esta é a semana do uivo,
emudeçam-se as palavras.

Lua minguante

Esta é a semana-baú,
da memória e de outros achados.
É tempo
de o tempo correr em horas
não em grãos ou cavalgadas.
É tempo de contar as falhas.
Porque também aprecio
a melancolia,
espelho a lua e sorrio.

Coro

Anoitece.
Uma coreografia no céu, em silêncio:
os pássaros anunciam.

Não é a noite que estarrece.
É essa luz vazia,
essa atmosfera rala.

O relógio de corda dá seis badaladas.

O dia passou.
A noite inexiste.
Cria-se um suspense.

Os automóveis seguem fechados.
Os homens religam seus aparelhos
na tentativa do escape.
Mas o crepúsculo é tenaz
e enfia a sua carne roxa pelas frestas.

Não há nada a se fazer
senão cumprir o dever diário:
estarmos por um par de horas
pasmos, melancólicos.

E se são vivas como parecem,
as montanhas estão anuindo.
Agregam sua mudez ao coro solene
de aves e homens.
Anoitece, cantamos.

Manhã

a manhã é clara e a noite é escura
a cidade é a fantasia do asilo dos homens
você é natural como um ipê ou um marimbondo
e nós pertencemos à terra e dela viemos

o sol aquece e ilumina
o sol percorre o infinito
até o seu berço morno

e essa janela foi inventada
para você abrir e assistir a um panorama
para você crer pertencer a uma câmara
branca, cuja luz
vem de uma lâmpada
não da manhã.

A PROSA E A ROSA

A prosa e a rosa são minhas mãos
com a direita, alcanço a constância
com a esquerda, roço a existência

em magras quantidades
em raras ocasiões:
a verdade, a minha verdade

A prosa é meu tempo
A rosa é meu momento
único, de vida ou de morte

de insuspeita liberdade
uma reta vertical
que nunca pende

sobre a grama podada da prosa
sobre o colo macio da prosa
— a prosa, neblina entorpecente

Eu respiro
poucas vezes ao ano
quando firo
com o espinho da rosa a minha carne
ou quando a prosa, na sesta de uma tarde
adormece e cede
meu caminho
ao infinito.

7POEMAS

tenho sete poemas à mão:
um para cada ocaso
     nos dias-feiras
um para cada céu estrelado
      nas noites de amor
      dos fins de semana
não tenho nenhum e tenho todos
pois se a página silencia
lamentando a pena que repousa
um lindo mundo pulsa
e sentencia:

não há outro poema.

TALHO

delicada a rosa
inscrita em pedra lisa
dura a pedra

vertigem do amor
frágil a eternidade do amor
perene a imagem da rosa

a rosa talhada na pedra
o amor designado na rosa

entre o amor e a pedra, a rosa.

Esposas e espelhos

eu te remeto a um cubo de açúcar
diminuto e delicado
ameaçando à mera pressão
me desfazer, polvoroso

sem esquecer o sabor adocicado
e a dose comedida
pois todos concordam que não se deve
ser enjoativo

você desembaraça meus cabelos
receando que se atrapalhem
e me cala com um repentino beijo
quando externo um átimo do que concebo

você não sabe
que mulheres são medusas
e transformam em pedra
quem as enxerga com verdade?

você talvez saiba
e por isso me ata
temendo minha virtude

eu sou comandante dos ventos
mas você acha singelo
quando eu cerro as janelas
dizendo "faz frio"

você está apreensivo
que medo tensiona seus ombros?
você talvez tenha sentido
tremerem as montanhas
quando sussurrei seu nome

num dia de chuva você me cobriu com zelo
sem entender que eram lágrimas que caíam
porque eu sou senhora do tempo
e quando sofro
e choro,
eu chovo.

RUÍNA

benquista será a aurora dos tempos
quando os canhões dispararão flores
benquista por quem?

não por você, conterrâneo
germe do cotidiano belicoso
em que farpas são metáforas
usuais, e espaços
campos de batalha

você se lança com as suas armas
— palavras
e sobrancelhas cerradas
contra a intenção compreensiva
contra tudo quanto esteja erguido
com seu timbre metálico, ríspido
vociferando ou em murmúrios
e sob falsos pretextos, profere
a insistente mensagem
de esfacelo e derrota

o que você tem à sua volta
são ruínas
eu própria uma ruína
ou apenas um edifício mínimo
apenas colunas

ratos habitam nossa casa
e nos são fiéis
Paris incendiada, Teerã bombardeada

Hiroshima, Manhattan
e a periferia da capital

você reclama a aurora dos tempos
e se inflama contra a guerra:
você mente

e eu
me reservo
e absorvo a sua noite.

Agravo

sobre superfície de cera quente
a palavra risca durante a guerra

a cera esfria, diligente
e os amantes observam
sulcos indeléveis

um vento vem trazer um eco distante
e dispara a lição numa rajada:
tudo é permanente

atônitos, nos deparamos
com rugas em nossa estrada

mas eis que o futuro se estira
e o passado se dimensiona pequeno
e os riscos imergem
na longa superfície lisa do tempo

uma brisa virá, amor, tenho certeza
a deter nossos suspiros com a canção definitiva:

há beleza na vida, há beleza.

Papéis

Eu rejeito
esses papéis que nos impuseram:
Primeiro,
o papel alvo, papel-manteiga delicado,
sobre o qual se inscrevem, com caligrafia perfeita,
como uma lista de supermercado,
os meus valores, organizados e enumerados
em ordem crescente de importância.
Segundo,
o seu papel,
esse volume amassado, sujo de carvão,
de digitais ensebadas, cinzas de cigarro,
manchas de café,
parcialmente rasgado,
com o qual te vestiram desde criança.
Amor, esses papéis
nos envolvem em casulos separados,
como múmias tristes,
cada uma em seu sarcófago,
padecendo uma solitária
eternidade.
Amor, esses papéis não são o que somos —
queimemo-los!
E seremos
só corpo e cabelos
e alma, ou o que quer que tenhamos dentro,
nus e sem bagagem,
sem leis, conceitos ou mandatários —
espuma da boca de nossos familiares.
Seremos só eu e você,
tirando faíscas do choque das peles.

O TESOURO DA VONTADE

O que eu quero?
O que eu quero?
Rosas bem-crescidas
no canteiro do apartamento
encerram meus pertences?
Promessas esquecidas,
como papel picado,
poluem as ruas,
entopem os bueiros da cidade.

Não me importa aquilo de que já me desfiz.
O mundo tem sido generoso.

Então estou olhando para o futuro?
Não, creio assistir ao presente,
a cena em que
corro sob a chuva, ensopada,
atrás de calcanhares alheios,
empunhando uma capa
para que outro se proteja.

Então estou louca?
Estou rouca, há meses,
de tanto repetir um nome.
E cega, ou turva,
sem reflexo no espelho.

Então preciso de forças.
Flores solitárias como eu,
na claridade do dia.
Jarros de barro de água límpida.
Panos brancos,
esvoaçando no varal.
E um gramado extenso
e plano, para eu caminhar descalça.

Fuga

já não importa
meus horizontes se estendem
por sobre as montanhas
até o mar
circundando o planeta
e além da atmosfera
além do satélite
percorrendo o leite de estrelas
e inomináveis galáxias
até o silencioso azul-negro
no remoto infinito
onde
não há vestígio
de você, de outras poeiras
nem de mim
nem da memória.

SITIADOS

Previsão do tempo

Em cem luas novas,
a contar de agora,
haverá uma calmaria.

A música marinha
será suave e pacífica.

Nós a ouviremos nas conchas,
não carecemos de calendário.

Haverá uma bússola e uma luneta,
além de estrelas
nítidas e o céu límpido.

Haverá um navio
vazio, definitivo, e um mapa
num pergaminho.

Deixaremos a nossa ilha.
Navegaremos,
rumo ao horizonte infindo,
serenos.
O sol se pondo.

Polo

Sozinho, no seu iglu,
tendo como parceiro um pinguim, um urso
ou outro ser qualquer
que não fale a mesma língua,
ele não expressa repúdio
pelos pares de sua espécie,
ele apenas declina, educadamente,
seus convites.

Os outros desistiram e se foram.
E o seu lugar se tornou um deserto de gelo,
um polo remoto na Terra.

Eu tampouco estou aqui.
É apenas a minha voz que ecoa na neve,
trazida pelo vento,
desde os trópicos.

Eu pedi ao vento que levasse parte de mim,
alguma emanação
até a porta da fortaleza gelada,
que contasse ao cavaleiro ermitão
algumas verdades gentis.

Mas não sei que resposta
o vento trará de volta.

Dois totens

Ponhamos duas estátuas, totens
em um deserto próximo.

O totem menor é a famigerada
réplica do maior.

Um exame detalhado, porém,
revela seus traços distintivos,
adquiridos nos erros (ou acertos)
do trabalho do copista.

Sua condição, seu *karma*
é ser cópia
de uma estátua sagrada.

Sua natureza de estátua
é um agravante:
ser imóvel,
ser pedra no deserto.

Totens não são cegos,
mas a sua visão é limitada.
A pequena réplica vê apenas
um recorte do totem pioneiro, e este
ignora o que esteja abaixo
do trópico de seus olhos.

Um viajante contou ao pequeno totem
a lenda das Atalantas,
que caminham nas noites místicas
de um deserto remoto ao norte.

Desde então, ele sonha ser livre
da adjacência que o encerra —

— se fosse mais que uma cabeça de pedra,
se tivesse pernas,
ou uma forma secreta
de asas.

Decisão

Rodeando o meu crânio-sino,
a cabeça retumbante que por vezes
desgarra do corpo,
há satélites.
São ideias novas,
móveis, flutuantes.

Dispõem-se três particulares:
Esta órbita insólita,
o silêncio que remete a um suspense
e a hora,
que termina e exige, prontamente,
uma escolha.

A dúvida.
Lançar-me nua
ao mar e nadar?
Permanecer vestida
nesta jangada sem remos?
Estar à deriva
é ir ou ficar?

Possíveis ilhas ou navios,
um possível afogamento
e o tocar de um sino,
na dobra fortuita do tempo,
o centímetro de oportunidade,
para sempre, para sempre,
repetem os elementos.

Os mares se congelam por um átimo
e o universo se contrai e desmancha
a cada 'sim'
ou 'não' pronunciado.

Dissensão

O que fazer com as palavras,
meus instrumentos fundamentais
que falharam?

Há machados sem lâmina,
tochas sob a água?

De que servem agora,
velhas companhias,
se como varinhas de condão invertidas
transformaram em abóboras
minhas carruagens?

Foram as próprias palavras
as culpadas
ou a gravidade da mensagem,
ou a recepção indisposta?

O que você entende quando repito
"amigo"?
Porque soo fria ou indelicada?

São vagas,
são vagas,
sugestionáveis palavras,
e assumem sentidos infaustos.

Retornem à minha casa,
dinâmicas palavras!

Não permitam
que a sua vagueza
veicule indolência.

Que sejam doces
ao soarem meus carinhos
que sejam limpas
ao soarem meus pêsames,
minhas desculpas
no ouvido a que me dirijo.

Que sejam limpas,
minhas, não de mentira,
minhas palavras da alma.

Uma ponte a ser construída,
um olhar distante na outra margem,
um rio gelado que nos separa
e nenhuma engenharia, nenhum guindaste,
apenas a maquinaria
das palavras, das palavras, das palavras.

21 DE DEZEMBRO

A breve roseira
comunicou-me o seu fim.
Meu coração em pedaços.

Recolhi as pétalas e os cacos
e observei, e absorvi
a data.

Meus sonhos florais faleceram.
E já não sei se eram sonhos
ou vaidades.

Falível florista!
Eu ignorava os desfechos.

Roseiras alheias ainda florescem.
Sazonalmente, em meu sangue,
um coágulo negro.

Empenho-me em dissolver
o ressentimento,
esse veneno.

Uma só gota
pode matar a rosa
ou a memória da rosa
em meu corpo.

Eu me desfolho.
O verão chega
e arrebata a tarde.

E a amável primavera,
que pensei eterna,
hoje
depõe os seus cadáveres.

Legião leviana

gastas as horas do dia
empenhamo-nos em gastar as noites

e cravamos unhas e dentes
em taças de vinho rachadas
em pescoços de homens casados
em espelhos rotos e guimbas de cigarro

afoitas, rabiscamos
números de telefone
na testa de qualquer tacanho

dementes, tomamos de um gole
o conteúdo de um frasco
cujo rótulo não tivemos tempo de ler

a Lua já não é mais nosso farol
a Lua e a música e a noite e a estrada
não vemos mais nada
não sentimos mais nada

uma a uma
numa tarde em que hibernávamos
banhamos a cabeleira
no piche de um poço antigo
que subiu desde os pés
deslizou sobre a pele rude
joelhos, quadris e seios
rins, pulmões, garganta
afogando afinal
essa mente sempre faminta
esse coração sempre deserto.

IN NATURA

ventos
nascem na montanha
na manhã de um dia gélido

atravessam o mirante, furiosos
penetrando as vias da cidade
revolvendo a poeira, buscando
uivando, num chamado
agonizando por entre as frestas
contra portas e janelas cerradas

rostos amargos, detrás dos vidros
olham os ventos à procura
ouvem os ventos
mas não lhes contam
a nossa história proibida:

aqui, sobre um pântano
crescemos um deserto
e sob o asfalto, enterramos
o coração do inverno.

Cinza

em memória de um ente querido

Há algo cinzento no ar
neste dia frio de junho.

Não é fumaça,
não é geada,
nem chuva, nem céu nublado.

É uma melancolia clara,
uma dispersão de cores.
(O amarelo e o vermelho estão pálidos,
e o azul tornou-se cinza.)

Não é fumaça, mas pó,
são as cinzas de uma fogueira apagada
misturadas ao oxigênio.
(Por isso respiramos com dificuldade,
por isso escuto tosse no cômodo ao lado,
por isso os lábios e os pés ressecados.)

Hoje é um dia de silêncio,
um pesado dia seguinte.
O cinza não é prata,
mas chumbo.
É concreto e duro como o cimento,
edifica-se por entre a gente como os prédios,
reveste as calçadas e é intransponível.

Hoje é um luto,
mas nada está tão negro
que não se possa enxergar.
Por entre a fuligem pairando no ar,
ainda vemos.

E o sol parece brilhar menos,
parece aquecer menos,
mas nasceu de manhã.

PREÇO

sempre atenta, sempre alerta
a troca das flores por um beijo
o aturamento comprado com elogios

mãos borradas de uma espuma escura
do manuseio constante de moedas:
não me toquem

eu vejo através das janelas
um coração partido, talvez
mas agora um monte de feno
e agora um possível incêndio
seriam chamas, em seu peito?

mergulho
e cada vez mais fundo, e sopro
os pulmões exigem
e a única exigência da vida é essa:
encher meus pulmões de ar
molhar os cabelos com água
e amar, e o coração ser vermelho
não de fogo, de sangue.

Enquanto Penélope

eu não cederei
eu cerzirei
se necessário
um manto de mil anos
mil fios se entrelaçarão como nós
e ninguém os desatará

eu esperarei à beira mar
pelo meu navio
eu não direi uma palavra
aos peixes
às conchas

eu sou como a tempestade de areia
que percorre o litoral
eu sou como o espaço
um metro cúbico de vácuo
preso sem hastes ao infinito

eu tenho bordas, mas estou livre
eu transpasso e firo a sua pele
eu posso curar a lua
enferma na madrugada

e sei que a hora tarda,
mas eu não cedo.

Sitiados

eu estarei ao pé
de uma árvore de carvalho, distante
eterna, em uma colina azulada

vista seus olhos de marfim
e seu silêncio na postura
— profundidade que te atribuo
que apenas eu sei, eu sinto

o dia será solene, esbranquiçado
você me envolverá em seus braços
sem sorrir, e nós deveremos resistir
ao frio, à ventania
(duas estátuas e um carvalho
imóveis contra um fundo pálido)

as horas se dobrarão ao nosso destino
cabendo no vão de um instante

estaremos vazios
restaremos quietos
um instante mudos
sem nossos sinos.

Memórias

A casa da mente está vazia.
A única presença, além de mim,
são memórias obsessivas,
ressoando sem obstáculos
nesses espaços, esbarrando
contra as paredes,
como ecos.

E os meus bens, meus pertences?
Saídos de uma só vez,
levados sem aviso
em um caminhão de mudanças.

Percorro a casa
à procura de um espelho
para que me enxergue,
veja como (ou quem) estou hoje.

Mas não há espelhos,
nem o belo piano,
nem o ostentoso candelabro,
nem a alta estante de livros.

Na casa, há apenas o eco
da canção que tocou insistentemente,
inadvertidamente,
no verão.

E, tapando os ouvidos,
de pé, no meio da sala sem móveis,
ou deitada sobre o retângulo
demarcado pela poeira
no chão onde havia uma cama,
a frágil mulher que sou,
que não se vê,
não possui
e não consegue esquecer.

METAMORFOSE

eu idealizei você
peixe pálido
como um pássaro
escuro e noturno

você pertence à água
e um caráter úmido
não me agrada

você me escapa
não por ter asas
mas porque escamas
são escorregadias

seu alheamento não é
mistério
você não guarda em seu silêncio
mais que um humor
insípido, um vazio.

Férias

cansada da peregrinação do amor
até a sua Meca e de volta
de joelhos
(carne deixada nas trilhas
um tom rubro
recobrindo tudo
e sempre dramática a madrugada)
embarcou rumo a uma ilha
bonita
e secreta dentro de si.

AQUÁRIO

SAPIENS

"Vejam quem nasce detrás da serra!"
"Olhem que vento; será que vai chover?"

Jamais nos acostumaremos
com a visão da Lua
ou a ameaça da chuva.

Eternos imperitos,
fixados assim por forças intangíveis,
passaremos todo o tempo disponível
entre o susto e o pasmo

de saber que estamos vivos,
de termos cinco sentidos.

FLORIANÓPOLIS

para Léo e Cissa

Tenho a impressão de que quem nos trouxe foi o espírito,
buscando renovar seus votos de amor à existência.
Os anfitriões nos oferecem uma acomodação,
nos oferecem um piquenique na praia,
um banquete ao meio-dia, outro à meia-noite.
Nos mostram suas coleções de discos,
sugerem filmes e livros
e nos relembram de desfrutar
os óbvios prazeres da vida.
Espiamos na estante a organização dos temperos,
nas paredes e nos objetos o prazer das cores,
nos vasos do jardim o compromisso
com um cotidiano belo e frugal.
Visitamos o seu desapego
à cidade onde crescemos —
a busca de uma rotina
mais desviada para o azul.
Visitamos a desenvoltura
na perseguição da felicidade,
a leveza com que replantam suas raízes.
Eles nos mostram o quanto o bom é evidente,
como basta tocá-lo com as mãos,
e por uma semana praticamos juntos
o desatamento dos nós.
Oferendas de gratidão são aceitas sem pesar —
não há lugar para constrangimentos.
A gratidão, como a amizade,
é sentida com leveza.

Nos despedimos com a promessa
de não esquecer esta lição:
divisar a verdadeira vontade,
desanuviar.
(É possível, da janela do quarto,
ouvir o mar.)

Aquário

Há três dias descobri
que eu me tornei um aquário.
A sorte fez de mim
um receptáculo, um frasco.

Há três dias compreendi
que sou natural como um pássaro,
que a vida não é só feita de planos
e prazos,
que não estou presa neste corpo:
eu *sou* este estranho macaco.

Aceito
a tarefa homérica que me foi dada —
a abelha coleta o pólen,
o fungo brota na árvore,
as heras penetram as casas

e eu, se razoo e falo,
também gero,
faço crescer vida na água.

À ESPERA

Ainda somos desconhecidas.
O universo fixou
esse encontro às escuras
e uma pesada promessa de amor
passou a nos assombrar.

Aceitei o compromisso sem meditar,
aceitei como há de se aceitar
ser molhado pela chuva
quando não há marquise por perto.

Disseram que terei transplantado
o coração, disseram
que um novo órgão,
maior, mais irrigado,
passará a bater em seu lugar.

Ainda não sei em que esquina
ou lua de abril ou maio,
ainda nos é
ignota a sua hora,
mas será por sua voz
que ouvirei o meu chamado.
(Você ainda
crescendo em meu aquário,
alheia a meus receios, tenaz
e obediente apenas
a um intento natural.)

Ainda
está por chegar o momento
do primeiro jato de ar
queimando-lhe os pulmões,
do primeiro choro
reverberando entre os lençóis,
o momento aguardado
das apresentações:
"Olá, menina, sou sua mãe".
Então, sob algum signo,
você se dirá minha filha.

Pequena noiva prometida,
vetor de amor futuro infindo!
Mas hoje e agora
é só ainda.

LAPINHA DA SERRA, MG

A agradável varanda
ergue-se, tímida,
em meio a serras soberanas.

No curso dos braços geológicos,
como se protegido,
o vale se acomoda.

O rio atrai para longe
a visão e outros sentidos.
O pensamento viciado,
urbano, estranha o alívio.

O céu com seu fator-espelho
reflete o metal da terra,
revelando um segredo.

As minhas dicotomias se invalidam.
Suspende-se o conceito de dia.
O crepúsculo é que se opõe
a todos os outros períodos.

Enquanto me afasto
para perto de algo inefável,
a lua cheia,
despida de clichês,
sobe sem esconder as estrelas.

Sopra um vento frio.
Percebo que a relva é desenhada a lápis.
Que prata é a cor do cerrado.

Palavras incomuns, ideias
extraordinárias tomam vida.
É distante de mim que fico
quando viajo,
não de casa.

Da mesa adjacente ao fogão a lenha,
me chamam.
Deixo a varanda
enquanto a noite culmina.

Escolhas

Os hedonistas adentraram
o castelo das escolhas.
E se puseram a torcer as maçanetas
das mil e uma portas, à revelia,
bradando que provariam
de toda e qualquer possibilidade.

Quando cessou o sibilo da enorme ampulheta,
anunciou-se em silêncio
que era tempo de contar os feitos.

Os pares haviam avançado,
cada qual o seu bocado,
cada um no seu caminho,
cada caminho depois de uma porta
e cada porta, uma única escolha.

Expuseram seus produtos:
Pedra lascada, poema, filho,
vaso, colcha, vinho,
roseira florida, regada.
E lhes foi ensinado
que a lei dos caminhos é a criatividade.

Mas os hedonistas, ainda
a acariciar as maçanetas,
a entrever pelas fechaduras.

SEPARAÇÃO

Do impulso de tudo
        queimar
        rasgar
        exorcizar,
restou, fugitiva,
dentro de um livro,
uma fotografia
da viagem que fizeram ao Atacama.

Os dois sorriem
no canto da foto,
vestidos em casacos
e óculos importados,
a paisagem salar, azul e branca
em primeiro plano.

A beleza arrebatada
do deserto diurno
os circundava
e um outro deserto
estranho, disforme, noturno,
germinava.

Oração

Oro
na primeira hora
do meu dia.
(O amor me acordou.)

Bato as pálpebras repetidas vezes
para emudecer palavras infaustas,
murmuradas sobre os ombros
por seres sombrios
que habitam os resquícios do sono.

Agradeço pelo hoje, repito
que acredito nas marés,
na ventura dos ciclos
e nas mudanças.

Oro em silêncio,
aos pés de um berço,
e me dirijo
à divindade matinal:
"Respeitada manhã
que adentra este quarto,
somos o que moldamos
com o nosso próprio barro,
aqui chegamos com os nossos pés
e uma força espontânea
pode nascer do centro de nosso corpo
e nos levar adiante."

A estrada é
descampada e infinita
e o Sol está brilhando.

Estamos próximos
da velocidade do tempo,
conseguiremos apalpar a verdade.

CAÇADA

estou eternamente a um centímetro
da criatividade absoluta

repito à pena que
poema sobre poemas
é engodo

a poesia selvagem
queimou meus olhos
com suas asas de fogo

e voou para longe.

METASSENTIMENTO

Linguagem

A música está de volta.
Não ousarei explicar.

Números são suficientes
para a expressão da ciência.
(Dizem que a verdade
é antagônica à prolixidade.)

A poesia
é outra coisa ainda.
Não explica, evoca:

A música está de volta.
(Uma frase tornada verso
e já badalam as notas.)

A VOZ DE L.

A sua voz remonta a fiordes,
a escarpas cinzentas,
nórdicas, celtas,
à Europa insular, a uma Floresta
fria, conífera, vaporosa.
É uma voz ancestral,
solene e suave, uma voz
de relatos cantados
sobre folhas outonais crepitantes,
em festas de ritos de passagem.
Vejo a mulher que canta os antepassados,
que passeia sozinha entre as árvores,
magnetizando a ignorância,
profetizando a arte nos corações rudes
(um banjo),
o contato com a mística do que é belo
(uma flauta),
a existência em cada um de uma flor invisível
(uma harpa).
Ouço o seu canto com as têmporas, não as orelhas,
e algo profundo revolve entre as espátulas:
uma memória.
Não sei se estivemos lá ou se são
resquícios de fiordes em nossas células.
Penso que você mesma desconheça,
talvez, a origem da fonte impetuosa
de onde emana essa voz alheia.
Um veículo da beleza,
o seu corpo traqueja,
as cordas vibram involuntárias,
esforçam-se sem o seu comando,
pois o espírito que te habita
deseja se manifestar.
E ele se manifesta
e, milênios depois,
rememoramos.

Conversações

O seu romantismo conversa com o meu,
em uma linguagem de colinas
e carvalhos
que sabemos sem ter aprendido.
Enquanto isso, os olhares se esbarram
as pernas tentam se acomodar nas poltronas,
os dedos nas alças das xícaras,
os lábios na parede dos dentes,
na imprecisão de outras línguas.
Dois corpos povoam
uma incômoda sala de estar,
enquanto dois objetos sem matéria
se identificam como espelhos,
ímãs
ou gêmeos.

Advertência

Nada é tão vil quanto este porto
onde atracou
o barco do coração.
Cães e árvores e pêssegos
não o povoam.
São outras as metáforas —
serpentes e maçãs e dráculas.

Nada é tão pequeno
como a empatia da maldade
e o seu inventário de mau gosto —
isqueiro de prata, poltrona de couro.
Nada é tão limitado
como a moral paroquiana —
uma bigorna no meio da sala.

Nada
é tão pesado
quanto um piano subutilizado.

Nada está tão iminente
quanto um segredo
manipulado nos dedos
para futuros escândalos
e futuras fogueiras.

Eu incendiarei a mim mesma
num ato sem heroísmo
e você será os gravetos,
o feno,
incauto de seu destino.

CAVALOS

Eu não sou o cavaleiro
de todos os cavalos.
Tantos eu aprecio
mas somente um eu prefiro —
o cavalo branco da palavra.
Muitos estão selados
uns nunca foram montados
e outros galoparam comigo
colinas, planaltos.
Eu me agarrei às suas crinas
e obedientes a um assobio
ou mais seguros que eu
do meu próprio destino
eles me levaram a fronteiras
e esquinas.
O cavalo rajado é que me trouxe
até esta que sempre foi
a minha casa.
O cavalo marrom me levou
até aquela que será
a minha real sociedade.
Nas noites neste estábulo —
retinas negras que cintilam
espelhando a lua,
a estranha presença,
respiração, cascos, quietude —
eu me fascino
pelo mistério equino.
Neste estábulo que me foi dado
sou o cavaleiro de meus cavalos

mas devo aceitar que outros,
ariscos, alheios, alados,
nunca serão domados.
Ninguém é senhor
desse negro e selvagem
cavalo do amor.

Fevereiro

Eu poderia ter me entregado ao carnaval.
O calor agitava os corpos,
havia vermelho em todo lugar
e obviamente o compasso era de dois.
Mas no meu interior
se instaurava o inverno.
E o que fazer quando as estações são díspares?
Eu poderia ter me rebelado.
Eu poderia ter acreditado na fantasia que
eu poderia ter vestido.
Mas o compasso cardíaco era lento
e, mais que tudo, impositivo.
Eu não poderia
senão ouvir um tambor seco, funesto,
enxergar um aspecto fosco
nos sorrisos alheios,
sentir nos ombros, no estômago,
um irrevogável peso, nas costas
um incompreensível frio.
Eu não poderia trocar a lâmina por um chocalho.
Eu só poderia, como o fiz,
viver aquele luto anacrônico,
o desabrochar de uma flor prometida —
a rosa negra.

Sítio

nada mudará após a minha morte
três frascos se encherão de lágrimas
e basta
o volume de água é do tamanho do mar

deixei o coração enterrado
em um florescente pedaço de terra
para seguir uma vida mais áspera
mais seca e mais magra

ali foi que demarquei a linha do início
do meu próprio inverno
de onde deduzi uma futura nostalgia
caso eu me ausentasse
(a simples e pura
e dura falta
como de nutrientes —
o amor que um dia eu soube dar
e se esvaziou
e então só dei máscaras e vísceras
pois era o que restava)

de dentro daquele coração verde e quente
daquele oceano repleto
saí em busca do líquido que faltava
o fluido do sentido e da verdade
(tive sede dentro d'água
e me hidrato com areia
adoeci no paraíso
e me curo em um deserto)

eu corri para longe
para o nunca, a perda, o vazio
para baixo

eu sinto falta desse sítio
onde talvez só as árvores
ouvindo o assobio do vento quando passa
entendem quem ali não está mais
que estava

sinto falta e no entanto
ó duelos, encantos
a cura está
em me afastar.

Metassentimento

Não estou triste
por estar triste.
Tenho um sentimento bom
pelo sentimento ruim.
Pelo menos eu sinto
e percebo que sinto.
Duas camadas sensoriais:
uma em mim,
uma sobre o que há em mim.
O vento contra o rosto, doloroso.
E o sabor doce da tristeza ao vento.

Ana F. sobre a melancolia

Falávamos de desventura, desamor,
ataques desferidos, novas feridas.
"Mas o que é o inverno?" — ela me perguntou.
"Sim, é fechado, gelado, profundo,
interior, circunspecto e noturno,
mas não bom ou ruim, apenas
a parte do percurso do moinho
em que o vetor aponta para baixo."
Ela me explicou que o inverno não tem valor,
apenas função; que não se deve preferir
nenhuma estação.

APRENDIZADOS

o único dia
é hoje
agora
é a única hora
eu não estou
coroada de louros
como nos
pensamentos de glória
eu estou e logo sou
como neste exato momento:
promessa e incompletude
antiga e imatura
medrosa
do coração profundo
que me incita a ser
corajosa

imagens venenosas
do futuro, que me acometem
ou do passado, que te enternecem
são ambas
lendas do orgulho
fábulas do ego

observemos as mariposas
aleluias gloriosas
ascendidas da terra
voando com devoção
em torno de uma lâmpada
até que lhes caem as asas

e cumprida a missão
retornam ao nada

a existência, aleluia!
em 24 horas

observemos eu e você
ascendidos do nascimento
a consciência, uma lâmpada
o tempo que nos toma as asas
e ainda podemos, se quisermos
ser ingratos

mas a lei não se abala
e a carranca só atrasa
a única conclusão:

a vida é
uma breve iluminação.

ÁRVORE

ÁRVORE

Dentre outras coisas, isto
uma árvore contém:
O tronco, a ramagem.
A fotossíntese, a verticalidade.
A passagem do tempo, impressa
no tom sazonal da folhagem.
A medida de resistência ao vento
e ao machado.
Se a seiva é sangue ou lágrima.
Se abriga ninhos, casulos,
cigarras enterradas.
O quanto estende a sua sombra
(privilegia o boi ou o girassol).
Quanto dura. Se dá flor. Se fruto.
Que floresta é a sua casa.
Mas olham a árvore
e enxergam somente madeira —
para o papel, o móvel ou a fogueira;
ou para nada, lenha imprestável.
Assim está a mulher:
esta que empunha o seu próprio coração,
exibindo-o inutilmente a seus pares —
plateia, em realidade
que apenas enxerga um par de pernas
e se estão abertas ou fechadas.

Pinóquia

"Não se expresse.
A sua verdade é inaceitável.
Boneca de lenha, muda e inorgânica.
Pele de plástico, verniz, resina ou encerada.
Entre a pele e a alma não há nada.
Nem seis, nem cinco.
Nenhum sentido.
Uma mente apenas prática.
Que rebeldia se humanizar.
E se resolve falar.
O que podemos ouvir.
O que nos pode revelar.
Que esculpimos a mulher na madeira.
Que nos decepcionamos ao ver carne, sangue
e pelos, no lugar do pinho."

A ESPOSA-CADÁVER

Morta, ela
não deseja.
Imóvel, ela
mantém certa beleza
(um passado fixo
é mais seguro
que um presente vivo).
Olhos fitos
não vasculham,
janelas
que hoje dão para o nada.
Assim, branca,
ela não fala.
Você pode, finalmente,
dizer que a perdoa.
Você segura a sua mão,
gelada.
Para o seu alívio,
morta —
o colo rijo,
o seio endurecido,
a porta cerrada.
A história pode agora
ser contada
e recontada,
inalterável.
Morta,
ela lhe devolve
as rédeas do amor.
Diante da morta,
você controla
a medida da dor,
pode enfim
calcular as lágrimas.

JOGO

diante do seu jogo
eu paro
me calo

esse tabuleiro
não reviro
me afasto

você me olha
incrédulo
acredita ter ganhado

as minhas peças
não me interessam
eu as largo

ó noite
que não turva a visão!
ó veneno
sem poder de intoxicação!

eu já estive mergulhada em um mar
de fel, veja bem, um mar
e nada mais pode arrebatar

enfim, me ressequei
e há tanto para se fazer
vamos, leve as peças com você

não há mais estômago
para tragédias
como há 3 mil anos

é ridículo, veja bem
eu fazer que me consterno
que me enterneço

se não há drama nesse pequeno fim
é porque não houve começo
eu sequer o conheço.

CRIPTOMANIA

Eu sou Tereza
com uma pena e um livro em mãos
no salão da igreja de santos ágrafos.
Sou o monge copista em um mosteiro medieval,
o psicógrafo à mesa dos espíritos.
Sou o datilógrafo, o caligrafista, o escriba,
o tatuador.
Sou o que talha a inicial na árvore,
o que sulca o nome na areia.
Sou o pichador, o taquígrafo, o redator,
o que redige na superfície de um prato
usando as letrinhas da sopa.
Sou o que rascunha, lista e anota
por necessidade.
Sou quem esconde o prazer
de escrever o nome do amante,
e quem se enxerga no espelho
diante de sua própria assinatura.
Sou quem ama a metáfora
da mensagem na garrafa
e a da pomba com um bilhete
amarrado na pata.
Sou quem tem critérios para um caderno, um teclado
lápis e canetas.

O conhecimento velado dessa mágica
é algo que gente como eu deve possuir —
escrever para conhecer
mais que para transmitir.
Sou quem encontra um nome para quem eu sou:
muito mais que o autor,
o criptomaníaco.

PRAIA

PRAIA

O dia neste planeta.
A exata combinação dos átomos da água.
A areia maleável, farelo de pedra dura.
A estática das pedras — no intenso movimento
de suas minúsculas partes.
Toda a matéria, composta de vácuo.
O azul do céu — artifício do cérebro.
Os sons do mar — captações de duas antenas
que levamos nas têmporas.
Os sons vêm em ondas que viajam no ar.
E há ondas de água que viajam no mar.
A onda em si não é água
ou ar, mas uma estratégia
para o transporte de forças
por meio de coisas
que oscilam sem se deslocar.

Suspeito que seja tudo isto
um truque de mágica para os sentidos.
Tudo nesta praia me parece
a mais alta tecnologia
(e outros aqui entretidos
com seus aparelhinhos).

Decerto estamos acompanhados
e somos observados —
um grande mágico consentindo
a revelação do seu ato.

Sentada na praia,
em silêncio, o mundo
à minha volta,
vi emergir
uma verdade espantosa.

Kiki

Identifico-me com ela.
Experimentando o mundo pelo olfato.
Exultante
diante da porta aberta.
Manejando ao mesmo tempo
a ânsia pela liberdade
e a âncora da lealdade.
Sabe que os tesouros
estão dentro de casa.
Em algum canto há um osso enterrado
(economia instintiva
para possíveis desastres).
Fêmea, em uma sociedade
que não entende
a natureza do seu gênero.
Pelos livres e sem tosa.
Nua, de preferência
e sem coleira.
Sensual
e carente de afagos.
Vira-latas, essa linhagem tortuosa.
Uivando para a lua cheia.
Nos outros dias, obediente.
Muito satisfeita no sofá.
Roçando na perna de um homem,
rei de seu pequeno universo.
Amando o cheiro de suas roupas
quando ele não está.

Realização

De tanto andar, atingi
o termo de uma trajetória,
a definitiva encruzilhada,
uma ponte frágil a ser transposta,
uma escolha, que fabricará
o dia e seus tentáculos.
A verdade sempre andou lado
a lado com os meus medos,
em espelho.
Eu fui e sou
o que me foi predestinado.
Mas hoje entendo a origem do cravo
e a ascensão da rosa.
Pertenço à casta
das altas cordilheiras,
fruto de terra nenhuma,
da Terra.
Hoje organizo alguns sóis
entre os dedos
e eventualmente outras
estrelas, em sonho.
Meu corpo guarda um segredo,
não conte.
Sou material
como uma escultura de areia na praia
mas prestes a ser diluída
com uma lufada de brisa
ou na repentina subida
da maré.

Profetas

a transição não é um afazer
mas um processo inevitável
o tempo é da mutação espontânea
o tempo é do despertar
do sono da verdade
da mudez compulsória
do golpe que nos manteve
em séculos de constrição

é hora de pulverizar
a mentira fossilizada:
a ira à natureza
a poda que arranca somente a flor
é hora de demonstrar
a verdade emudecida:
o poder da brandura
o canal de que dispomos
entre aqui e o céu

é hora da lua, da terra e da água
ouçam a virada da maré

profetas serão mulheres
louvaremos as trevas patriarcais
cuja utilidade foi vermos
após experimentarmos
quem de fato não somos

seremos nós a restaurar o roto
sem manipulá-lo

lideremos com a infinita injustiça
manifestando o infinito perdão
os olhos compassivos serão nosso escudo
as nossas mãos nuas
as nossas armas sinceras
curaremos a ferida de nossos inimigos
seremos novamente e ainda jovens
sábias velhas

diante do espelho deste tempo:
o mundo que conhecemos
e de que nunca nos esqueceremos
e o mundo que está para nascer
desde o ventre onde o geraremos.

Mãe

para H. H. Shri Mataji Nirmala Devi

o universo é Mãe
a história humana é senão
uma rebelde puberdade
que a Mãe nos permitiu vivenciar

até o dia & suas 12 horas
nas quais desempenhamos quase tudo
a que damos importância
são apenas uma ínfima
concessão da noite infinita

atrás do céu azul há
a profundeza sem mesura
da noite vasta
perante a qual o dia
é somente uma pequena
lona de circo
estendida sempre sobre uma metade
de uma minúscula
esfera azulada
nos confins de uma galáxia

(as galáxias se movem como efêmeros
redemoinhos de poeira
desde uma expiração da grande Mãe)

há uma enorme satisfação
em perceber essa verdade
sendo eu uma filha caçula

no ocaso da nossa puberdade
fosse eu um filho o estupor
e a vergonha seriam bem maiores

isto é só um jogo, diz a Mãe
o jogo divino do esquecimento
a nós cabe a tarefa de recordar

tudo o que existe já teve Sua concessão
tudo o que se cometeu já teve Seu perdão

apenas um jogo
basta um sopro
e outra galáxia se refaz.

Este livro foi composto em Adobe Garamond Pro sobre o Pólen Bold 90g/m², para o miolo; e o Cartão Supremo 250g/m², para a capa. Foi impresso em Belo Horizonte no mês de junho de 2017, para a Crivo Editorial.